L'INVALIDE

COMÉDIE

Représentée pour la première fois, à Paris, sur le théâtre du Gymnase,
le 19 juin 1872.

Poissy. — Typ. S. Lejay et Cie.

L'INVALIDE

COMÉDIE EN UN ACTE

PAR

AMÉDÉE ACHARD

PARIS

MICHEL LÉVY FRÈRES, ÉDITEURS

RUE AUBER, 3, PLACE DE L'OPÉRA

LIBRAIRIE NOUVELLE

BOULEVARD DES ITALIENS, 15, AU COIN DE LA RUE DE GRAMMONT

1872

PERSONNAGES

<table>
<tr><td>LE COMTE HENRI DE SAUVIÈRES, capitaine de frégate, 35 ans.....................</td><td>MM. Pujol.</td></tr>
<tr><td>M. DE CHARNY, 30 ans.....................</td><td>Villeray.</td></tr>
<tr><td>M. DE SAINT-AVOIE, 28 ans.............</td><td>Murray.</td></tr>
<tr><td>PIERRE, domestique......................</td><td>Léon.</td></tr>
<tr><td>MADAME DE MEULAN, 25 ans...........</td><td>Mmes Angelo.</td></tr>
<tr><td>MADAME LA BARONNE LOUISE DE CIRCOURT, 23 ans.....................</td><td>Fromentin.</td></tr>
</table>

A Paris de nos jours.

L'INVALIDE

Le théâtre représente un salon élégamment meublé. — Porte au fond,
porte à gauche donnant chez madame de Meulan. Porte à droite. Cheminée
à droite, premier plan. (Indications prises de la salle; les personnages
occupant la place indiquée en tête des scènes, les astérisques tenant
compte des changements.)

SCÈNE PREMIÈRE

SAINT-AVOIE, MADAME DE MEULAN.

Ils sont assis à la table.

SAINT-AVOIE.

C'est donc bien décidé... vous ne voulez pas ?

MADAME DE MEULAN.

Non... non... mille fois non.

SAINT-AVOIE.

Cependant, permettez-moi d'insister... ma qualité d'ambassadeur m'en donne le droit... avant que j'emporte cette réponse
un peu sèche... ne voulez-vous pas relire sa lettre ?

MADAME DE MEULAN.

A quoi bon ?... M. de Charny m'offre sa main et son cœur...
que veut-il que je fasse de tout cela ? On ne peut cependant pas
payer un quart d'heure d'étourderie par une vie entière de
désespoir...

1

SAINT-AVOIE, *souriant.*

Vous en convenez donc?...

MADAME DE MEULAN.

Que j'ai été étourdie?... certainement. Et même plus que cela, imprudente. (*Mouvement de Saint-Avoie.*) Oh ! je ne dissimule jamais rien de ce que je fais... M. de Charny prétend que je lui ai écrit deux ou trois fois... c'est possible... Il jure que j'ai souffert des assiduités... il a peut-être raison... Mais s'il croit que toutes mes sottises lui donnent des droits!... il se trompe fort...

SAINT-AVOIE.

C'est pourtant un parti fort convenable...

MADAME DE MEULAN.

Je ne dis pas non... Mais M. de Charny me déplaît.

SAINT-AVOIE.

Pourquoi?

MADAME DE MEULAN.

Peut-être à cause de l'obstination qu'il met dans ses pour-suites... peut-être aussi par un parfum de fatuité qui s'exhale de toute sa personne. Entre un badinage... une coquetterie si vous voulez, qu'autorise le langage des salons et un lien qui engage pour toujours, il y a un abîme... et je ne le franchirai pas.

SAINT-AVOIE.

Comptez-vous donc, Madame, rester veuve éternellement ?

MADAME DE MEULAN.

Non certes! On ne sait pas ce que c'est qu'une maison où l'on est seule, le matin, le soir, toujours!... On y gèle !.. Sans compter qu'à Paris, à vingt-cinq ans, quand on veut rester une honnête femme, ce n'est pas commode !

SAINT-AVOIE.

Eh ! bien, alors ?...

MADAME DE MEULAN.

J'imagine qu'il n'y a pas que M. de Charny qu'on puisse épouser... j'attends... quelqu'un viendra et, qui sait?... je sauterai le fossé...

SAINT-AVOIE, se levant.

Ainsi, Madame, l'ambassadeur peut déchirer ses lettres de créance?

MADAME DE MEULAN.

Oh! sans se gêner...

SAINT-AVOIE.

Vous disiez vrai, Madame, il n'y a pas que M. de Charny; il y a moi...

MADAME DE MEULAN, se levant.

Comment! vous qui n'aimez que les chevaux; mais vous les trahissez donc, ces pauvres bêtes?

SAINT-AVOIE.

Vous m'avez ensorcelé!...

MADAME DE MEULAN.

Ah! mon Dieu!...

SAINT-AVOIE.

On ne me reconnaît plus... ces dames elles-mêmes s'en étonnent!...

MADAME DE MEULAN.

Quelles dames?...

SAINT-AVOIE.

Ces dames que vous ne connaissez pas...

MADAME DE MELAN.

Je l'espère bien!...*

SAINT-AVOIE.

Il met sur la table son chapeau qu'il avait pris en se levant.

J'avais de l'esprit... de la gaîté... j'étais l'âme de nos réunions...

MADAME DE MEULAN.

Vous m'en donnez une haute idée !

SAINT-AVOIE.

Depuis que vous occupez ma pensée, je suis bête... mais bête à manger du foin !...

* Madame de Meulan, Saint-Avoie.

MADAME DE MEULAN.

Un effet de la contagion... c'est très-aimable ce que vous me dites-là...

SAINT-AVOIE.

Non, c'est vrai.

MADAME DE MEULAN.

Je vous crois.

SCÈNE II

MADAME DE MEULAN, MADAME DE CIRCOURT, SAINT-AVOIE.

MADAME DE CIRCOURT, entrant avec vivacité, elle boite légèrement.

Es-tu seule?

MADAME DE MEULAN.

Tu m'as fait peur... Non, voilà M. de Saint-Avoie.

SAINT-AVOIE, qui salue.

Madame...

MADAME DE CIRCOURT.

Cher Monsieur, je suis charmée de vous rencontrer, mais votre coupé est à la porte, et il m'a semblé que votre cheval s'impatientait de ne pas voir son maître... (Lui présentant son chapeau.) Il hennit, cher Monsieur, il hennit... et je crois que le moment est venu de le conduire aux Champs-Élysées où il brûle de faire un tour.

SAINT-AVOIE.

Alors vous croyez... que je dois...

MADAME DE CIRCOURT.

C'est ma conviction.

SAINT-AVOIE, remontant.

Alors... je vais... (Saluant madame de Meulan.)* C'est madame de Circourt qui me renvoie.

MADAME DE MEULAN.

Je ne m'en consolerais jamais si vous ne deviez pas revenir.

SAINT-AVOIE.

Je reviendrai, Madame, je reviendrai!

Il sort.

SCÈNE III

MADAME DE MEULAN, MADAME DE CIRCOURT.

MADAME DE CIRCOURT, s'asseyant à la table.

Ta porte est fermée?

MADAME DE MEULAN.

Oui. Qu'y a-t-il?

Elle s'assied à la table.

MADAME DE CIRCOURT.

Il revient, ma chère.

MADAME DE MEULAN.

Qui?

MADAME DE CIRCOURT.

M. Henri de Sauvières.

MADAME DE MEULAN.

Le capitaine de frégate?

MADAME DE CIRCOURT.

Oui...

MADAME DE MEULAN.

Tu me dis cela d'un air!... Est-ce que par hasard?...

* Madame de Meulan, Saint-Avoie, Madame de Circourt.

MADAME DE CIRCOURT.

Ne fais donc pas l'hypocrite... Tu t'en doutes assez!

MADAME DE MEULAN.

Oh! moi je ne sais les choses que lorsqu'on me les dit... Je supposais que l'amitié... seulement...

MADAME DE CIRCOURT.

De l'amitié à Paris... à notre âge! As-tu entendu parler de Philémon et Baucis?

MADAME DE MEULAN.

Une légende grecque... il y a longtemps de cela.

MADAME DE CIRCOURT.

Eh! bien! c'est notre histoire... rajeunie... Malheureusement M. de Sauvières qui était parti revient juste au moment où je boite...

MADAME DE MEULAN.

Oh! si peu!...

MADAME DE CIRCOURT.

C'est encore trop! Et engraissée!... 62 centimètres, ma chère, moi qui n'en mesurais que 56 quand il m'a quittée! c'est le repos auquel on m'a condamnée... une parisienne qui boite, est-ce assez ridicule?

MADAME DE MEULAN.

Il y a eu Mademoiselle de la Vallière, ce qui n'a pas empêché Louis XIV...

MADAME DE CIRCOURT.

Autrefois!... et c'était à Versailles, mais à présent... les hommes sont bien dégénérés, va! Et dire qu'il n'a fallu qu'un instant! J'étais au bal, désespérée, chez la marquise de Béthune, tout en blanc avec une robe de satin ruché... On me propose une valse... j'accepte pour secouer ma tristesse... une fleur se trouve sous mes pieds... je fais un faux pas... et me voilà boiteuse... Je croyais que ce n'était rien... pas du tout... un épanchement de sinovie... sais-tu ce que c'est?

MADAME DE MEULAN.

Non.

MADAME DE CIRCOURT.

Moi, non plus! mais il paraît que ça aurait pu être très-grave.
Bref! on m'étend sur un canapé... et j'y reste... tant et si bien
que l'embonpoint s'en mêle... j'en serais morte si le docteur
Van Strompingheim...

MADAME DE MEULAN.

Comment dis-tu cela?

MADAME DE CIRCOURT.

Van Strompingheim, un Hollandais... Ils sont très à la mode
cette année les Hollandais...

MADAME DE MEULAN.

Ah!

MADAME DE CIRCOURT.

Le mien m'avait promis de me guérir avec une petite pâte
rose dont il a le secret... depuis trois jours il m'en applique gros
comme ça sur le genou... là... et ça va beaucoup mieux déjà...
Dans deux ou trois jours ç'aurait été fini... On n'est pas plus
malheureuse!

MADAME DE MEULAN.

Que crains-tu donc?

MADAME DE CIRCOURT.

Mais lui, ma chère, lui!... les hommes ont le cœur si mal
fait!... Ce sont des êtres si matériels, si grossiers! point d'âme,
aucune poésie... le physique est tout pour eux... Et si on leur
paraît moins belle... adieu l'amour... Vois-tu s'il ne doit plus
m'aimer, j'en mourrai.

MADAME DE MEULAN.

Louise!

MADAME DE CIRCOURT.

Es-tu mon amie, vraiment?

MADAME DE MEULAN.

Est-ce que tu en doutes?

MADAME DE CIRCOURT. (Elle se lève ainsi que son amie.)

Alors, sois franche... examine-moi bien .. et dis-moi si tu
crois qu'il peut encore... surtout pas de flatterie!...

MADAME DE MEULAN.

Voyons? (Elle regarde madame de Circourt qui va et vient*, à part.) Le fait est que c'est atroce.

MADAME DE CIRCOURT.

Eh bien! tu me fais mourir avec ton silence.

MADAME DE MEULAN.

Mais certainement... tu es charmante...

MADAME DE CIRCOURT.

Tu n'as pas l'air bien convaincue...

MADAME DE MEULAN.

Si! Si! (Elles s'asseyent sur le canapé.)

MADAME DE CIRCOURT.

C'est que vois-tu... si du premier coup, en entrant... il n'a pas cet élan... ce cri qui vient de là...

MADAME DE MEULAN.

Oui, le cri du cœur.

MADAME DE CIRCOURT.

Oui, je romps et il ne me verra plus.

MADAME DE MEULAN.

Tu es folle!...

MADAME DE CIRCOURT.

Non... j'aime... Veux-tu savoir jusqu'où va mon exigence?

MADAME DE MEULAN, riant.

Je t'écoute...

MADAME DE CIRCOURT.

Si du premier bond il ne saute pas du wagon chez moi... s'il s'avise de courir chez le ministre... c'est fini!

MADAME DE MEULAN.

Cependant, c'est bien le moins qu'un ministre. .

MADAME DE CIRCOURT.

Et moi!.. non, non, tout ou rien... Voilà ma devise... Et avec ma jambe j'ai bien peur... Oh! s'il avait été blessé... si quelque

---

* Madame de Circourt, Madame de Meulan.

balle ou quelque bon coup de sabre l'avait défiguré!... je me
serais dévouée à lui... je l'aurais adoré!.. Pourquoi ne revient-
il pas criblé de coups, estropié, aveugle... je le suivrais partout... comme autrefois Antigone... mais les hommes!.. est-ce
qu'ils comprennent ces choses-là? Est-ce qu'ils ont ces délica-
tesses?.. La forme! Voilà leur idéal... et M. de Sauvières est un
homme...

MADAME DE MEULAN.

Comme les autres...

MADAME DE CIRCOURT.

Plus que les autres... (Mouvement de madame de Meulan.) Il est
si beau!... As-tu remarqué ses cheveux?

MADAME DE MEULAN.

Non!...

MADAME DE CIRCOURT.

De la soie! presque bouclés, ma chère, une forêt de cheveux... et tout cela sur un visage d'une pâleur mate... Lord
Byron devait être comme cela à 25 ans.

UN DOMESTIQUE, en entrant.

Une lettre pour madame de Circourt qu'on apporte à l'instant
de chez elle.

MADAME DE CIRCOURT.

Donnez. (Elle cherche la signature.) Ah! du vicomte son ami.
(Lisant.) « Madame, monsieur de Sauvières sera chez vous dans
» une heure. » (Parlant.) Aujourd'hui! Et moi qui n'ai pas le
temps... (Lisant.) « A peine débarqué, il est parti subitement,
» quoique bien souffrant encore des blessures qu'il a reçues...»

MADAME DE MEULAN.

Des blessures...

MADAME DE CIRCOURT.

Oui, au pluriel!... (Continuant.) « Il prétend que votre pré-
» sence suffira pour le guérir. » (Parlant.) Toujours le même...
Ah! mon Dieu! (Lisant.) « Atteint d'une flèche dans un dernier
» combat il a perdu un œil... » (Parlant) Un œil!... (Elle laisse
tomber la lettre.)

MADAME DE MEULAN.

Pauvre garçon?

1.

MADAME DE CIRCOURT.

Mais c'est affreux ! Jamais on n'a ouï parler d'un homme qui revient dans un pareil état...

MADAME DE MEULAN.

Mais tu dois être enchantée ?

MADAME DE CIRCOURT.

Moi ?...

MADAME DE MEULAN.

Ne me disais-tu pas tout à l'heure ?...

MADAME DE CIRCOURT.

Certainement... et je le pense encore... un peu blessé... oui... c'est gentil... une blessure là... dans la poitrine... ça ne se voit jamais... ou si rarement, ou là sur le front... une belle estafilade...

MADAME DE MEULAN.

Comme le duc de Guise, le Balafré.

MADAME DE CIRCOURT.

C'est noble !... Mais un œil de moins... Comprends donc, un mari qu'on ne pourrait aimer que de profil... (Elle se lève.) et toujours du même côté... rien que d'y penser !... Oh !... *

UN DOMESTIQUE.

M. de Sauvières est là, qui demande s'il peut se présenter.

MADAME DE CIRCOURT.

Déjà !... Attendez ! (Elle se dirige vers la porte de droite. — Le domestique reste en vue dans l'antichambre.)

MADAME DE MEULAN, se levant.

Eh bien, que fais-tu ?

MADAME DE CIRCOURT.

Je me sauve... Tu lui diras que je vais revenir... surtout examine-le bien ? S'il n'y a qu'un œil... un petit... et que cela ne se voie pas trop...

* Madame de Meulan, Madame de Circourt.

MADAME DE MEULAN.

Tu l'épouseras?

MADAME DE CIRCOURT.

Peut-être... j'ai de la conscience, moi... mais tu me diras
tout... et regarde bien!... des blessures... au pluriel, il y
en a qu'il n'avoue pas peut-être... tu l'interrogeras... adieu!...

Elle sort à droite.

SCÈNE IV

MADAME DE MEULAN, seule, un peu après, HENRI.

MADAME DE MEULAN, au domestique.

Faites entrer.

UN DOMESTIQUE, annonçant.

M. le comte de Sauvières.

HENRI *. Il a une espèce de bonnet grec en velours sur la tête, un bandeau sur l'œil droit, le bras gauche en écharpe. En entrant, il regarde
autour de lui, hésite, puis salue.

Madame!...

MADAME DE MEULAN, à part.

Dieu!... (Saluant.) Monsieur...

HENRI.

Vous avez quelque peine à me reconnaître... Madame?

MADAME DE MEULAN.

C'est qu'il y a déjà quelque temps... (A part.) Dans quel
état!...

HENRI.

Et puis on n'arrive pas de la Cochinchine tel qu'on y est
allé! Les Annamites ont le caractère très-mal fait, Madame.

MADAME DE MEULAN.

Ah! Ce sont les Annamites qui...

---

* Madame de Meulan, Henri.

HENRI.

Oui, Madame... mais je leur ai bien rendu !...

MADAME DE MEULAN.

Vous en aviez le droit... ainsi... le bras... (Henri fait un mouvement avec le bras libre.) L'autre...

HENRI.

C'est une flèche... là... près de l'épaule... mais on m'a fait espérer qu'avec l'électricité...

MADAME DE MEULAN.

Ah! tant mieux!... Et là?... Cet œil qu'on ne voit pas?

HENRI.

J'ai failli le perdre... une balle qui a rencontré le sourcil... mais on m'a parlé d'un fameux oculiste qui arrangera tout cela.

MADAME DE MEULAN.

Espérons-le!... Pardonnez-moi, si je vous interroge encore... vous m'intéressez tant... Sous ce bonnet?

HENRI.

Presque rien... un coup de sabre... qui m'a fendu le crâne... par exemple j'ai perdu tous mes cheveux...

MADAME DE MEULAN.

Tous ?

HENRI.

Il en reste quelques-uns, plus fidèles que les autres... une douzaine... (Madame de Circourt qui avait entr'ouvert la porte, la referme. Henri a entendu.)

MADAME DE MEULAN.

Ah! (A part.) Je n'ose pas continuer...

HENRI.

Pardon, Madame, si à mon tour, je vous adresse une question... Madame de Circourt?... J'arrive de Saïgon, c'est vrai, mais de la rue de la Paix aussi, et on m'avait dit...

MADAME DE MEULAN.

Que madame de Circourt était ici... Rassurez-vous... elle ne va pas tarder à paraître... c'est elle qui m'a priée de vous recevoir.

HENRI.

Ah !...

MADAME DE MEULAN.

Nous avons à causer, monsieur de Sauvières. (Elle lui montre une chaise et s'assied sur le canapé.)

HENRI, prenant la chaise.

Ah ! Est-ce que madame de Circourt n'aurait plus les mêmes sentiments ?

MADAME DE MEULAN.

Je ne dis pas cela...

HENRI, s'asseyant.

Vraiment !... Elle m'aimerait toujours, elle ?... Ah ! Vous ne savez pas le bien que vous me faites !...

MADAME DE MEULAN.

Vous l'aimez donc bien ?

HENRI.

C'est peut-être ridicule à dire, étant ce que je suis... mais depuis que je l'ai quittée, je n'ai eu qu'une pensée, qu'un désir... la revoir ! Vous ne savez pas ce que c'est que de vivre à 3,000 lieues de tout ce qu'on aime... c'est comme si l'on n'existait pas... l'âme est partie... on n'est plus soutenu que par le sentiment du devoir... le reste est mort !... Puis, quand on revient, à mesure qu'on approche, la fièvre vous prend... on compte les heures... on trouve que la vapeur elle-même ne marche pas... on envie l'hirondelle qui passe... on voudrait qu'un éclair vous portât où elle est, on ne respire plus... on étouffe !. .

MADAME DE MEULAN, à part.

Pauvre garçon ! comme il l'aime !

HENRI.

Mais on tremble aussi... on se dit :... Qui sait ? I' y a l'absence... c'est beaucoup déjà... mais il y a plus... (l'observant) les blessures... Et les miennes sont terribles.

MADAME DE MEULAN.

Oui, l'œil...

HENRI.

Oui, l'œil. J'hésitais à lui en faire part. Ce n'est qu'à la
dernière heure que j'ai prié un de mes amis de la prévenir.
Moi, le courage m'a manqué... que voulez-vous, Madame...
son cœur est ma seule consolation à présent... je me suis
réfugié dans la pensée qu'il m'appartenait toujours... si cette
espérance devait être déçue...

MADAME DE MEULAN.

Alors ?

HENRI.

Alors, je reprendrais la mer... et j'irais où l'on se bat jusqu'à
ce que mon cœur l'ait oubliée. Vous me regardez d'un air
surpris, Madame, c'est que... madame de Circourt est jolie,
très-jolie même... mais croyez-vous que ce soit pour sa beauté
que je l'aimais ?... Non... certes... il y a l'être intérieur...
l'être idéal et mystérieux qu'on adore et auquel un jour d'en-
thousiasme et d'exaltation vous a uni... le plus pur de mon
amour c'est à lui qu'il va... vous souvient-il de cette épidémie
cruelle qui mit madame de Circourt en péril... l'an dernier?...

MADAME DE MEULAN.

Parfaitement...

HENRI.

Jamais je ne l'ai tant aimée... j'avais obtenu la permission
d'entrer chez elle... il ne restait rien de sa beauté et l'on pouvait craindre qu'elle ne revînt jamais... Eh bien, je l'adorais.
Il me semblait qu'elle aurait besoin de moi, que je lui serais
nécessaire, indispensable... avec quelle ivresse ne me serais-je
pas consacré à elle !... Ah ! pourquoi cette maladie a-t-elle dis-
paru sans laisser aucune trace sur le frais incarnat de son
visage ?...

MADAME DE CIRCOURT, indignée.

Oh !

Elle referme.

MADAME DE MEULAN.

Vous le regrettez ?...

HENRI.

C'est affreux ce que je vous dis là... c'est mon égoïsme qui

parle. Sa beauté disparue, elle serait presque à mon niveau.
Elle serait plus à moi, et moi, plus à elle... Ce ne serait plus
la femme séduisante et désirée aux pieds de laquelle tous les
hommages s'inclinent... mais une femme abandonnée... celle
qui a besoin d'appui... de tendresse... la créature d'élection
que mon cœur a toujours souhaitée et à laquelle il voudrait
s'enchaîner pour la vie.

MADAME DE MEULAN, se levant.

Monsieur !... (A part.) Ah! il m'a émue malgré moi... c'est
beau d'aimer ainsi... et en l'écoutant on oublie presque...
(Haut.) Monsieur de Sauvières! (Il se lève et replace sa chaise.)
Voulez-vous me donner la main ?...

HENRI.

La voici.

MADAME DE MEULAN, qui la lui prend.

Vous êtes un homme aimable et bon... si jamais vous aviez
besoin d'une amie... je serais la vôtre.

HENRI, qui lui baise la main.

Merci...

SCÈNE V

LES MÊMES, UN DOMESTIQUE.

LE DOMESTIQUE, portant un plateau sur lequel il y a une lettre.
Une lettre pour Madame...

MADAME DE MEULAN.

C'est bien... laissez...

LE DOMESTIQUE.

C'est qu'il y a une réponse... Germain, le domestique de
M. de Charny, attend, et...

MADAME DE MEULAN.

Ah ! c'est de... (Elle ouvre la lettre après l'avoir lue, à part.) L'in-
solent ! (Haut.) Allez... et dites qu'il n'a rien à attendre.

Le domestique sort. Elle tombe sur le canapé.

SCÈNE VI

MADAME DE MEULAN, HENRI.

HENRI.

Vous paraissez troublée, Madame ?

MADAME DE MEULAN.

Je vous demande pardon de cette émotion!... Ah! il y a des hommes qui vous font payer cruellement quelques minutes d'étourderie... et quelle lâcheté! Celui qui m'adresse cette lettre sait que je suis seule, sans défense... Si quelque chose pouvait me donner la preuve que j'ai été bien inspirée en l'écartant... c'est bien ce qu'il m'écrit... A moi!... de telles choses... parce que j'ai été loyale... Excusez-moi, Monsieur, mais malgré moi les larmes me gagnent et...

Elle se met à pleurer.

HENRI.

Madame, si l'amitié donnait quelques droits, je vous demanderais...

MADAME DE MEULAN.

Vous?... Eh bien!... Lisez!...

HENRI, lisant.

« Je ne me tiens pas pour battu et je ne suis pas content. » (Parlant.) Qui donc a signé ces drôleries ?... M. de Charny!

MADAME DE MEULAN, se levant.

Vous le connaissez ?

HENRI.

Fort peu... on m'avait dit que c'était un homme du monde... Des sarcasmes... presque des menaces... Ah! çà mais!... il y a donc eu de bien grands changements à Paris pour qu'un homme bien né se permette... quoi?... de telles insolences à une femme parce qu'on lui a fait la cour ?

MADAME DE MEULAN.

Il n'a aucun droit de m'en adresser... Quand j'ai rencontré M. de Charny, j'ai pu être étourdie, mais toujours sincère ;

lorsqu'une circonstance m'a permis de voir au fond d'un caractère qui ne répondait pas à l'idée que je m'en étais faite... je
le lui ai dit franchement... Oh! je puis tout vous raconter et
vous verrez...

HENRI, l'interrompant.

Une explication... et pourquoi? Est-ce que vous en avez
besoin ?... est-ce qu'il ne suffit pas de lire cette lettre pour
tout comprendre ?... Laissez...

Il lui rend la lettre.

LE DOMESTIQUE.

M. de Charny est en bas et il insiste pour entrer.

MADAME DE MEULAN.

Lui!... oh!...

HENRI.

Voulez-vous me permettre d'arranger cette petite affaire...
cinq minutes suffiront. C'est moi qui le recevrai...

MADAME DE MEULAN.

Oh! non... M. de Charny est hautain... Il pourrait vous
répondre vivement et...

HENRI.

Me battre moi!... dans l'état où la Cochinchine m'a mis?...
Est-ce possible?... non... M. de Charny à qui je parlerai un
langage conciliant me comprendra... et vous ne serez plus
exposée à lire des sornettes qu'il regrette déjà d'avoir écrites...
j'en suis sûr...

MADAME DE MEULAN.

Vous le voulez... soit... je serai heureuse de vous devoir ce
service.

HENRI.

Donc !... me voilà votre ami tout à fait ?...

MADAME DE MEULAN.

Tout à fait... (En sortant par la gauche, au domestique.) Faites
entrer.

SCÈNE VII

HENRI, DE CHARNY.

HENRI, *regardant sortir madame de Meulan.*
Un cœur de femme... un vrai !...

UN DOMESTIQUE, *annonçant.*
M. de Charny !...

HENRI.
Monsieur...

Il s'incline.

DE CHARNY.
Je croyais trouver ici madame de Meulan.

HENRI.
Elle est occupée...

DE CHARNY.
Ah ! alors Monsieur attend ?...

HENRI.
J'attendais tout à l'heure, à présent je n'attends plus.

DE CHARNY.
Si je comprends bien, c'est donc moi que vous attendiez ?

HENRI.
Précisément.

Il lui montre un siége et s'assied sur le canapé.
DE CHARNY, *assis près de la table.*
De la part de madame de Meulan ?

HENRI.
De sa part...

DE CHARNY.
Tiens ! tiens !

HENRI.
Et pour aller droit au but, il s'agit d'une lettre que vous
lui avez écrite il y a un instant.

DE CHARNY.

Je sais.

HENRI.

Madame de Meulan en a été surprise... plus que cela même... affligée...

DE CHARNY.

Autant que cela?... Elle aurait dû la prévoir cependant... Mais pardon... Cette lettre vous la connaissez?

HENRI.

Madame de Meulan qui a quelque confiance en moi a bien voulu me la communiquer.

DE CHARNY.

Ah! et vous a-t-elle dit aussi, à la suite de quelles circonstances, j'ai pu me croire autorisé à lui écrire cette lettre qui l'afflige si fort?

HENRI.

Oui, Monsieur, il me paraît qu'il y a eu dans tout ceci un malentendu... Un jour elle a accueilli des hommages qu'elle a cru devoir repousser le lendemain... Est-ce bien cela?

DE CHARNY.

A peu près... mais les motifs de ce changement?... Car enfin... il ne me plaît pas à moi qu'une porte qui m'a été ouverte me soit fermée.

HENRI.

Mon Dieu! Monsieur!... je suis, j'en ai peur, un peu plus âgé que vous... et j'ai beaucoup voyagé. Je crois qu'en tous pays, le mieux qu'un homme évincé puisse faire, c'est de se retirer sans bruit... galamment...

DE CHARNY, se levant.

Est-ce une leçon?

HENRI.

Oh! un conseil seulement...

DE CHARNY.

Je n'en reçois que de mes amis... et encore! Et vous n'êtes guère que celui de madame de Meulan... ainsi brisons là.

HENRI, se levant.

Attendez pour vous fâcher que j'aie tout dit...

DE CHARNY.

Il y a encore autre chose ?...

HENRI.

Madame de Meulan m'a parlé des lettres qu'elle vous a écrites... et elle espère que vous consentirez...

DE CHARNY.

A les lui rendre ? C'est le dernier chapitre du roman. J'aurais dû m'y attendre... Mais si je ne me résignais pas à le signer ?

HENRI.

Cela m'étonnerait beaucoup...

DE CHARNY.

Parce que ?...

HENRI.

Parce qu'en me chargeant de cette commission j'avais la certitude de me trouver en face d'un galant homme... et que toute hésitation de votre part...

DE CHARNY.

Eh bien ?...

HENRI.

Ferait venir un doute dans mon esprit.

DE CHARNY.

Voilà, Monsieur, un mot qu'on ne prononce pas dans la situation où je vous vois... avec un œil de moins et un bras paralysé...

HENRI.

N'est-ce que cela ?... Voici.

Il dégage son bras de l'écharpe, arrache le bandeau qu'il a sur l'œil et ôte son bonnet.

DE CHARNY.

Quelle est cette comédie ?

HENRI.

Oh ! ceci est mon secret... une petite expérience que je

m'offre à moi-même. Quant à la personne qui est devant
vous... elle est à vos ordres...

DE CHARNY.

Et jai affaire à...

HENRI.

M. de Sauvières...

DE CHARNY.

M. de Sauvières... un capitaine de frégate, n'est-ce pas?...

HENRI.

Lui-même...

DE CHARNY.

Mais, n'est-ce pas vous, Monsieur, qui l'an dernier avez
tué en duel M. d'Estissac... une fine lame cependant.

HENRI.

Et un assez vilain homme... Mais quoiqu'il m'eût mis dans
la nécessité d'en finir, je vous jure qu'on ne tue pas un de ses
semblables sans qu'il en reste quelque chose là .. J'ai beaucoup
regretté ce coup d'épée.

DE CHARNY.

Oh! lui aussi... j'en suis sûr... Mais à présent que vous
m'avez fait cet aveu... il m'est impossible, même lorsque je le
voudrais, de vous rendre ces lettres. J'aurais l'air de reculer...

HENRI.

Cependant, Monsieur, j'ai promis de les rapporter à madame de Meulan.

DE CHARNY.

Eh bien! Monsieur, il est un moyen de concilier tout cela...
je demeure ici près, 15, rue du Colysée... Voici l'heure où
j'ai l'habitude de ferrailler chez moi avec quelques amis... j'y
retourne, si vous trouvez bon de m'y suivre... nous descen-
drons dans mon jardin... deux d'entre eux nous serviront de
témoins... et c'est le blessé qui aura tort... Le blessé ou le
mort...

HENRI.

A tout à l'heure.

DE CHARNY.

A tout à l'heure. (Il sort.)

HENRI, à part.

Un fat... mais solide... j'aime autant cela.

SCÈNE VIII

MADAME DE MEULAN, HENRI. Il rajuste le bandeau,
l'écharpe et le bonnet.

MADAME DE MEULAN.

Je viens d'apercevoir M. de Charny qui s'en allait... Eh bien?

HENRI.

Il a parfaitement entendu raison.

MADAME DE MEULAN.

Ah!

HENRI.

Et il m'attend chez lui pour me remettre ces lettres... je suis
sûr qu'il y ajoutera l'expression de ses regrets.

MADAME DE MEULAN.

Comment vous remercier!

HENRI.

En préparant madame de Circourt à ma vue et en plaidant
ma cause... je l'aimerais tant si elle m'aimait un peu. (Il sort.)

SCÈNE IX

MADAME DE MEULAN, un peu après, MADAME DE
CIRCOURT.

MADAME DE MEULAN.

Comment ne l'aimerait-elle pas? Elle a beau rire... elle est
femme... elle a un cœur... il me semble qu'à sa place, je serais
fière de lui... de ce qu'il a fait... chaque moment me rappel-

lerait son courage, son dévouement. Que serions-nous si nous
n'avions pas cet héroïsme de l'âme qui nous fait trouver le bon-
heur dans celui que nous donnons ? Oh! elle l'aimera... j'en
suis sûre.

MADAME DE CIRCOURT, entrant. *

Jamais! jamais! jamais!

MADAME DE MEULAN.

Hein?

MADAME DE CIRCOURT.

Ah! c'est toi! je viens de le voir. Et puis j'étais là tout à
l'heure... j'ai regardé... Ah! ma chère, j'ai failli tomber à la
renverse... mais c'est horrible... des blessures partout... Et ce
bras... c'est le bras qui est drôle. (Elle l'imite.) J'en aurais ri...
si j'en avais eu la force. Et le bonnet, l'as-tu remarqué? le dernier bonnet grec! Mais par exemple quand je lui ai entendu
dire qu'il regrettait que la petite vérole ne m'eût pas défigurée...
l'indignation m'a saisie... et je me suis sauvée... L'égoïste! me
vois-tu avec les joues pleines de trous! J'ai été prendre l'air
aux Champs-Élysées pour me remettre... comme je revenais,
je l'ai vu qui sortait .. je me suis jetée au fond de mon coupé
pour qu'il ne m'aperçut pas... Ah! Dieu!... je crois ma parole
d'honneur qu'il a une jambe malade aussi... tout est malade....
et il se permet de m'adorer!...

MADAME DE MEULAN.

Oh! oui... par exemple!...

MADAME DE CIRCOURT.

Est-ce que cela t'attendrit... ces choses-là?

MADAME DE MEULAN, l'entraînant sur le canapé.

Il n'y a que cela qui me touche .. Voyons... car j'ai promis de
parler pour lui... il m'intéresse ton pauvre blessé... que de sou-
venirs il me rappelle!... N'ai-je pas vu ma mère auprès de
mon père qui avait perdu un bras à Sébastopol... et une jambe
en Kabylie ; sa tendresse avait redoublé pour lui... et je tiens
d'elle ce respect des blessures bravement gagnées... J'étais bien
jeune, mais je vois encore le regard de reconnaissance qu'il lui
jetait quand elle l'aidait à marcher... Comme il prenait sa main

* Madame de Circourt, Madame de Meulan.

pour l'embrasser lorsqu'elle s'asseyait auprès de lui!... La figure de ma mère rayonnait... elle avait le sentiment profond qu'il était heureux par elle et il m'est arrivé d'avoir des larmes aux yeux en les regardant.

MADAME DE CIRCOURT.

Ta mère avait eu ton père tout entier quand elle l'a épousé... c'est bien différent!... Elle avait eu quelques années tandis que moi... dès le début... un débris de mari!... Ah!!...

MADAME DE MEULAN.

Mais n'est-ce pas toi qui as poussé M. de Sauvières à cette expédition?

MADAME DE CIRCOURT.

Sans doute... j'étais à peine veuve depuis sept ou huit mois... il fallait me donner le temps... et puis je voulais être sûre qu'il n'était pas de la pâte de M. de Circourt qui avait peur de son ombre!...

MADAME DE MEULAN.

Oh! je t'entends encore quand M. de Sauvières parlait de quitter le service... Non, non, lui disais-tu, il faut qu'un homme soit utile à son pays, une campagne se prépare en Cochinchine... partez! et faites vaillamment votre devoir. J'ai cru un instant que tu allais lui dire comme autrefois dans la tragédie :

Sors vainqueur d'un combat dont Chimène est le prix.

MADAME DE CIRCOURT.

Vainqueur... oui, mais détérioré, non !... J'aime assez qu'un homme soit héroïque, moi, mais à la condition que son héroïsme ne lui fasse pas perdre un œil !...* (Elle se lève.) Et puis as-tu remarqué cette perfidie... ne rien m'écrire!... Si un ami ne m'avait pas prévenue, à quoi étais-je exposée!... hein! Il voulait me surprendre, m'entraîner, abuser d'une promesse arrachée autrefois... Oh! les hommes!... Et moi qui de bonne foi tremblais à cause de mon pauvre petit genou. Je cours chez mon ami Van Strompingheim.

MADAME DE MEULAN, qui s'est levée.

Sans l'attendre ?

---

* Madame de Meulan, Madame de Circourt.

MADAME DE CIRCOURT.

Pourquoi faire?

MADAME DE MEULAN.

Mais je t'en prie... il t'aime!

MADAME DE CIRCOURT.

C'est bien ce qui me fait peur!.. Une fidélité qui revient de la Cochinchine! Je me sauve!...

MADAME DE MEULAN.

Mais s'il m'interroge?...

MADAME DE CIRCOURT.

Tu lui diras...

UN DOMESTIQUE, annonçant.

M. le comte de Sauvières!...

SCÈNE X

LES MÊMES, HENRI *.

MADAME DE CIRCOURT, à part.

Trop tard!...

HENRI, à part.

Allons, l'heure décisive!... (Haut en s'approchant.) C'est donc vous enfin!...

MADAME DE MEULAN, bas à madame de Circourt.

Le cri du cœur.

MADAME DE CIRCOURT, avec embarras.

Mais je ne suis pas invisible... et madame de Meulan a dû vous dire... (A part.) De près il est encore plus laid.

---

* Madame de Meulan, Madame de Circourt, Henri.

HENRI.

Qu'il me tardait de vous revoir!...Madame de Meulan m'assurait que rien n'était changé... Puis-je le croire?...

MADAME DE CIRCOURT.

Mais...

HENRI.

En apparence... il n'y a qu'un petit accident de plus.

MADAME DE CIRCOURT.

Un accident... lequel?

HENRI.

Est-ce que vous ne boitez pas un peu?

MADAME DE CIRCOURT.

Qui vous l'a dit?

HENRI.

Je l'ai vu.

MADAME DE CIRCOURT, à part.

Et c'est lui qui le remarque, l'impertinent!

HENRI.

Mais moi qui vous parle, vous devez me trouver bien changé?

MADAME DE CIRCOURT, qui le regarde à la dérobée.

Ah! oui... Comme tout le monde a dû...

HENRI.

Tout le monde?... Mais personne encore, sauf madame de Meulan et vous, ne m'a vu... pas même le ministre.

MADAME DE CIRCOURT.

Vous n'avez pas vu le ministre?

MADAME DE MEULAN.

Tu le sais bien.

MADAME DE CIRCOURT.

Mais à quoi pensez-vous? Vous n'avez donc pas envie de devenir capitaine de vaisseau... amiral?...

HENRI.

J'ai le temps.

MADAME DE CIRCOURT.

Non... non... je ne suis pas égoïste, moi,... je pense à votre
avenir et vous allez me quitter sur-le-champ...

MADAME DE MEULAN.

Quoi!... tu veux...

MADAME DE CIRCOURT.

Sans doute... votre devoir... le premier... est de courir chez
S. E. et pour que vous n'hésitiez pas, je vais vous donner
l'exemple...

HENRI.

Vous partez?...

MADAME DE CIRCOURT.

Et cet accident dont vous avez eu la complaisance de vous
apercevoir si vite?... Je cours chez mon docteur... et dans une
heure vous verrez que vous ne verrez plus rien...

HENRI, qui s'approche.

Me permettrez-vous au moins de vous offrir...

MADAME DE CIRCOURT.

Non... ne fatiguez donc pas votre bras... le ministre demeure
rue Royale, et le docteur Van Strompingheim habite ici près,
rue de Penthièvre, nous allons nous dire adieu...

HENRI.

Vous voulez dire au revoir...

MADAME DE CIRCOURT.

C'est la même chose à Paris... Vite à présent. (A part, en s'en
allant.) Au revoir... Il est féroce!...

SCÈNE XI

MADAME DE MEULAN, HENRI.

HENRI.

On vivrait cent ans et cent ans encore, qu'on ne connaîtrait
jamais les femmes...

MADAME DE MEULAN.

Louise réfléchira...

HENRI.

Non, Madame, non... C'est un amour par terre, dont il ne reste que des morceaux... Je ne lui en veux pas... d'ailleurs... Depuis le jour où les Annamites m'ont mis dans l'état que vous voyez, je me suis habitué à ne pas me repaître de trop d'illusions... Regardez-moi donc !

MADAME DE MEULAN.

Je vous regarde, et certainement s'il n'y avait chez l'homme que les avantages extérieurs... Mais attendez donc...

HENRI.

Qu'est-ce ?...

MADAME DE MEULAN, qui l'examine.

Il me semblait que tout à l'heure, est-ce que ce n'était pas le bras gauche ?...

HENRI.

Celui-ci ?...

MADAME DE MEULAN.

Et à présent, c'est... Tenez, comme le bandeau... Il était de ce côté-là...

HENRI, avec hésitation.

Cela dépend de la position où l'on se trouve... J'étais là... près du canapé, tandis que maintenant... un effet d'optique...

MADAME DE MEULAN.

C'est possible !... Qu'allez-vous faire à présent ? Comptez-vous toujours rester à Paris ?

HENRI.

Oh ! non. Je suivrai le conseil de madame de Circourt, j'irai trouver le ministre et s'il consent à me donner un commandement... j'irai où il m'enverra.

MADAME DE MEULAN.

Sans personne pour vous accompagner... et si vous tombiez malade ?

HENRI.

Je suis seul, Madame...

MADAME DE MEULAN.

Si j'étais un peu, rien qu'un peu, votre parente... je vous
jure que sans hésiter...

HENRI.

Quoi! vous, Madame..., et malgré le ridicule de mes blessures... vous consentiriez... Une!.. Il y en a une.

SCÈNE XII

Les Mêmes, SAINT-AVOIE, MADAME DE CIRCOURT *.

SAINT-AVOIE.

Grande nouvelle, Madame!...

MADAME DE CIRCOURT, qui le suit.

Deux grandes nouvelles, alors, ma chère, regarde... (Elle
marche vivement.) Je ne boite plus et si tu veux avoir la preuve de
ma guérison radicale, regarde encore... (Elle marche majestueu-
sement.) Est-ce joli, hein ?**

MADAME DE MEULAN.

Et c'est le docteur Van Strompingheim?

MADAME DE CIRCOURT.

Oui, ma chère... la petite pâte rose a tenu tout ce qu'il
m'avait promis... plus rien... on dirait que mon genou sort d'une
boîte, un genou tout neuf!...

HENRI, qui avait remonté, descendant.

Tous mes compliments, Madame.

MADAME DE CIRCOURT.

Comment! Encore ici? Et le ministre?

HENRI.

Je n'y suis point encore allé...

* Madame de Meulan, Madame de Circourt, Saint-Avoie, Henri.
** Madame de Circourt, Madame de Meulan, Saint-Avoie, Henri.

MADAME DE CIRCOURT *.

Oh! vous ne serez jamais un homme sérieux... A présent
que vous savez ma nouvelle... (A Saint-Avoie). Vous avez la
parole...

SAINT-AVOIE, à madame de Meulan.

Madame, M. de Charny ne vous tourmentera plus.

MADAME DE MEULAN.

Ah!

SAINT-AVOIE.

Je viens de le rencontrer... il part pour la Roumanie... ce
soir... Il paraît que c'est une résolution qu'il a prise subitement...

MADAME DE MEULAN, qui observe Henri, avec vivacité, allant à lui *.

Vous vous êtes battus?

HENRI.

Madame...

MADAME DE MEULAN, avec force.

Vous vous êtes battus!

HENRI.

Presque...

MADAME DE MEULAN.

Grand Dieu! Et c'est pour moi que vous connaissiez si peu..·

HENRI.

Ah! Madame! Il y a des circonstances qui permettent de lire
jusqu'au fond d'un cœur, comme il suffit d'un coup de pioche
pour découvrir un trésor...

MADAME DE CIRCOURT.

Ah!

HENRI.

Il y a deux minutes, dans son jardin, M. de Charny re-
cevait un léger coup d'épée... là... (Il touche son bras). Une
piqûre... il n'a voulu se rendre à mes arguments qu'à cette condition... question de point d'honneur... M. de Charny n'avait
de vous que ces deux lettres... les voici...

* Madame de Circourt, Saint-Avoie, Madame de Meulan, Henri.

MADAME DE MEULAN.

Oh! vous pouvez lire...

HENRI.

Pourquoi? (Les jetant au feu.) De ces riens qu'on écrit un jour
de migraine... Que la fumée retourne à la fumée!

MADAME DE CIRCOURT, à part.

Il a vraiment grand air!...

SAINT-AVOIE.

Et c'est avec ce bras que...

HENRI.

Oh! un bras suffit...

MADAME DE CIRCOURT.

Mais il y a une chose à laquelle on ne songe pas ici... ce nom
de Meulan que M. de Charny offrait d'échanger contre le sien,
le voilà compromis... *

SAINT-AVOIE.

Qu'à cela ne tienne... et si le nom de Saint-Avoie...

HENRI, à Saint-Avoie.

Permettez... si j'ai commis la faute... c'est à moi de la répa-
rer. (A madame de Meulan.) Mes deux mains sont à vos ordres...
(Il les lui tend.)

MADAME DE MEULAN, avec surprise.

Les deux!... mais tout à l'heure...

MADAME DE CIRCOURT, s'approchant**.

Il y en avait une qui... semblait paralysée...

HENRI.

Je vais vous dire... moi aussi, j'ai rencontré le docteur Van
Strompingheim... et sa petite pâte rose..

MADAME DE CIRCOURT.

Ah! vous avez?...

HENRI.

Voilà! (Il agite ses bras.)

* Madame de Circourt, Saint-Avoie, Henri, Madame de Meulan.
** Saint-Avoie, Madame de Circourt, Henri, Madame de Meulan.

MADAME DE CIRCOURT, avec un peu de dépit.

Ah! tant mieux! (A part.) Il se moque de moi.

MADAME DE MEULAN.

Mais là... cette blessure?... près de l'œil...

HENRI.

Plus rien!... (Otant le bandeau.) Le bandeau est tombé!... (Regardant madame de Circourt.) Qui sait?.. le bandeau de l'amour... J'y vois clair... le bonnet lui-même est inutile... et j'ai encore des cheveux. (Il l'enlève.)

MADAME DE CIRCOURT, à part.

Presque bouclés... le traître!..

MADAME DE MEULAN.

Mais alors, cette flèche... ce coup de sabre... ce coup de lance?...

HENRI.

Tout cela était vrai... j'ai même failli en mourir... là bas... C'est alors que l'idée m'est venue d'une épreuve, et vous en avez vu le résultat...

MADAME DE CIRCOURT, à part.

Bien joué... voilà un homme qui mériterait d'être femme. (A M. de Sauvières qui s'incline.) Monsieur de Sauvières, vous avez bataille gagnée... Sans rancune, au moins!...

HENRI.

Sans rancune, je vous le jure! (Bas en baisant la main de madame de Meulan.) Au contraire!

FIN

Poissy. — Typ. S. Lejay et Cie.